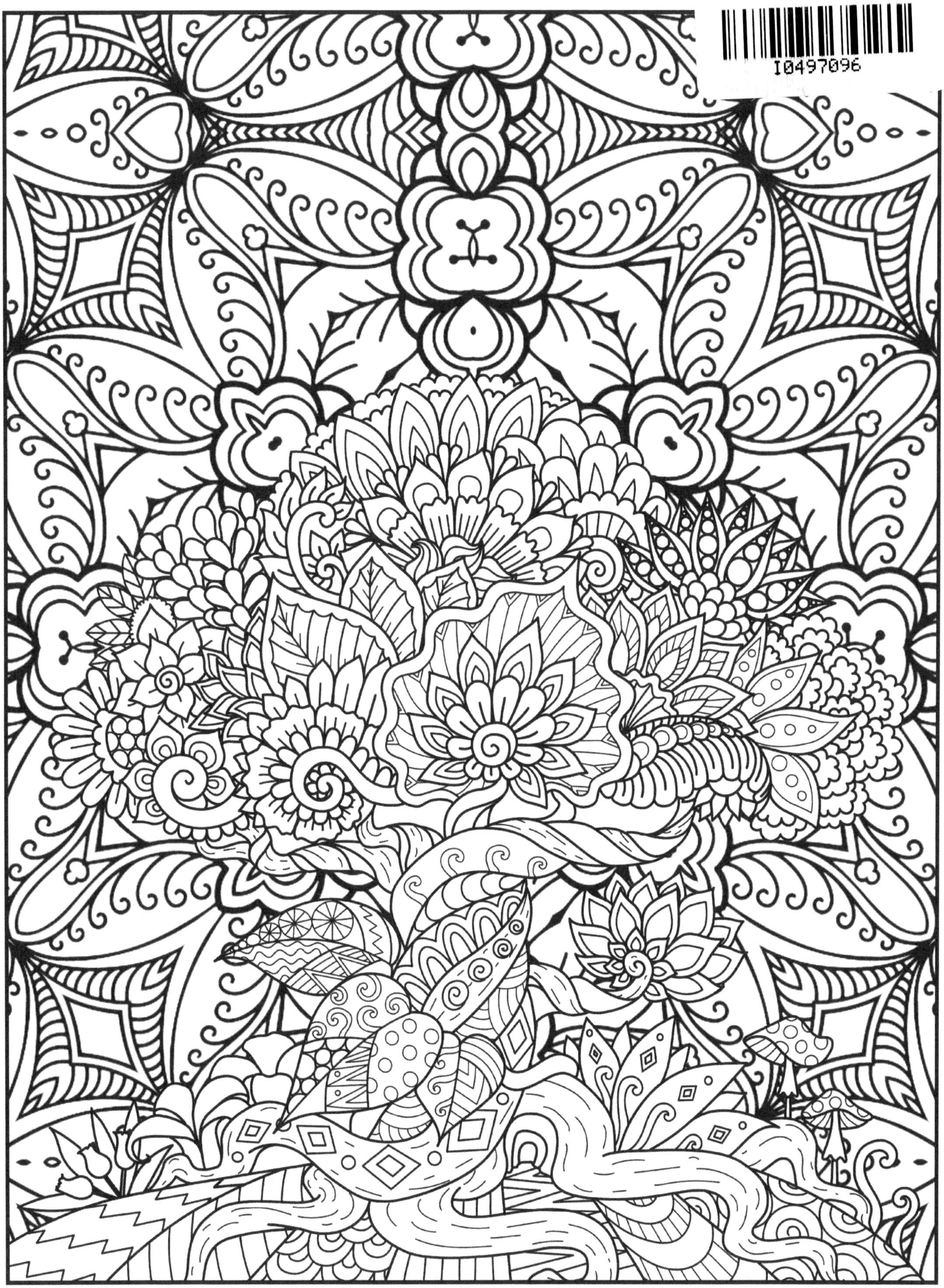

I0497096

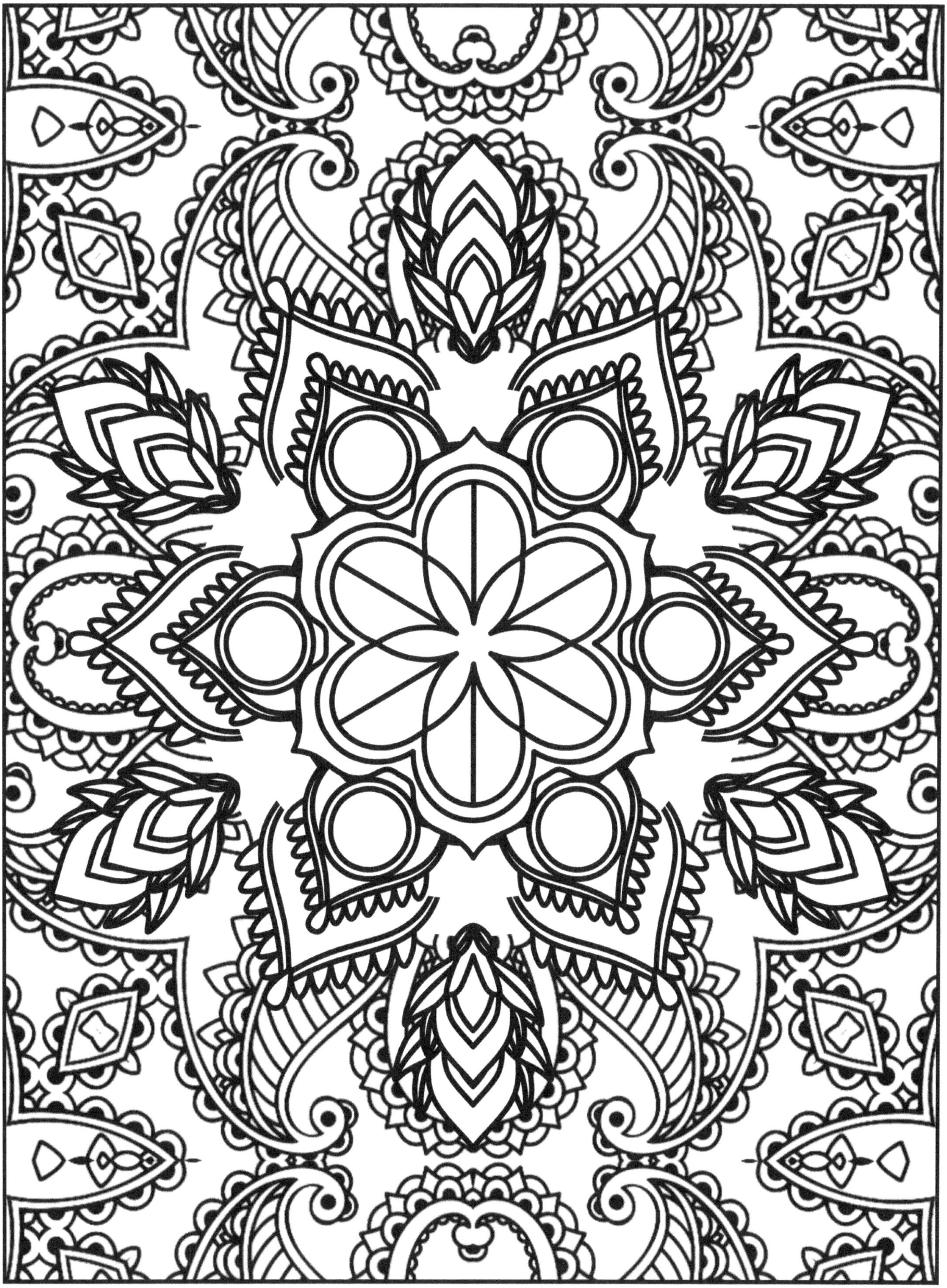

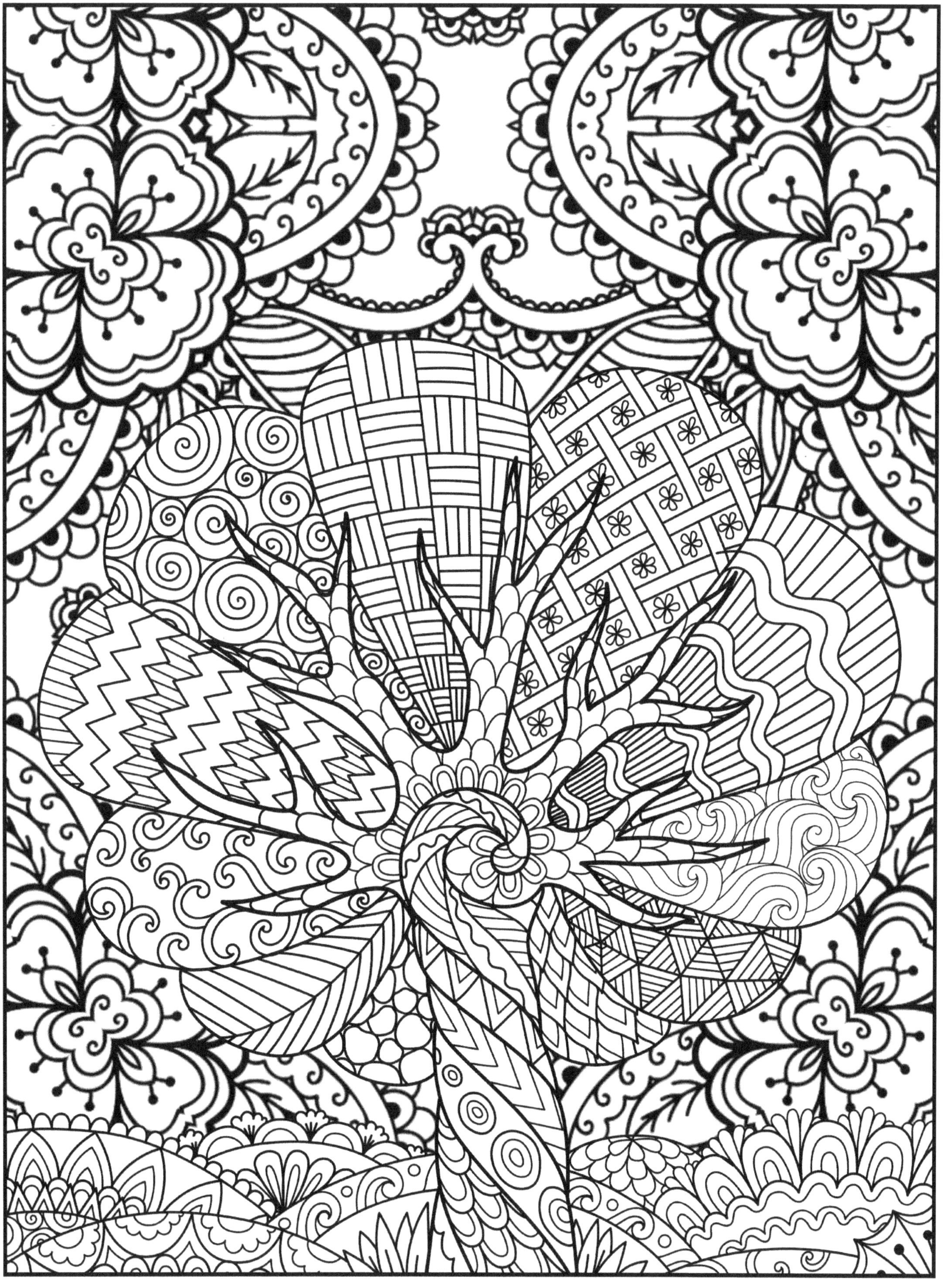

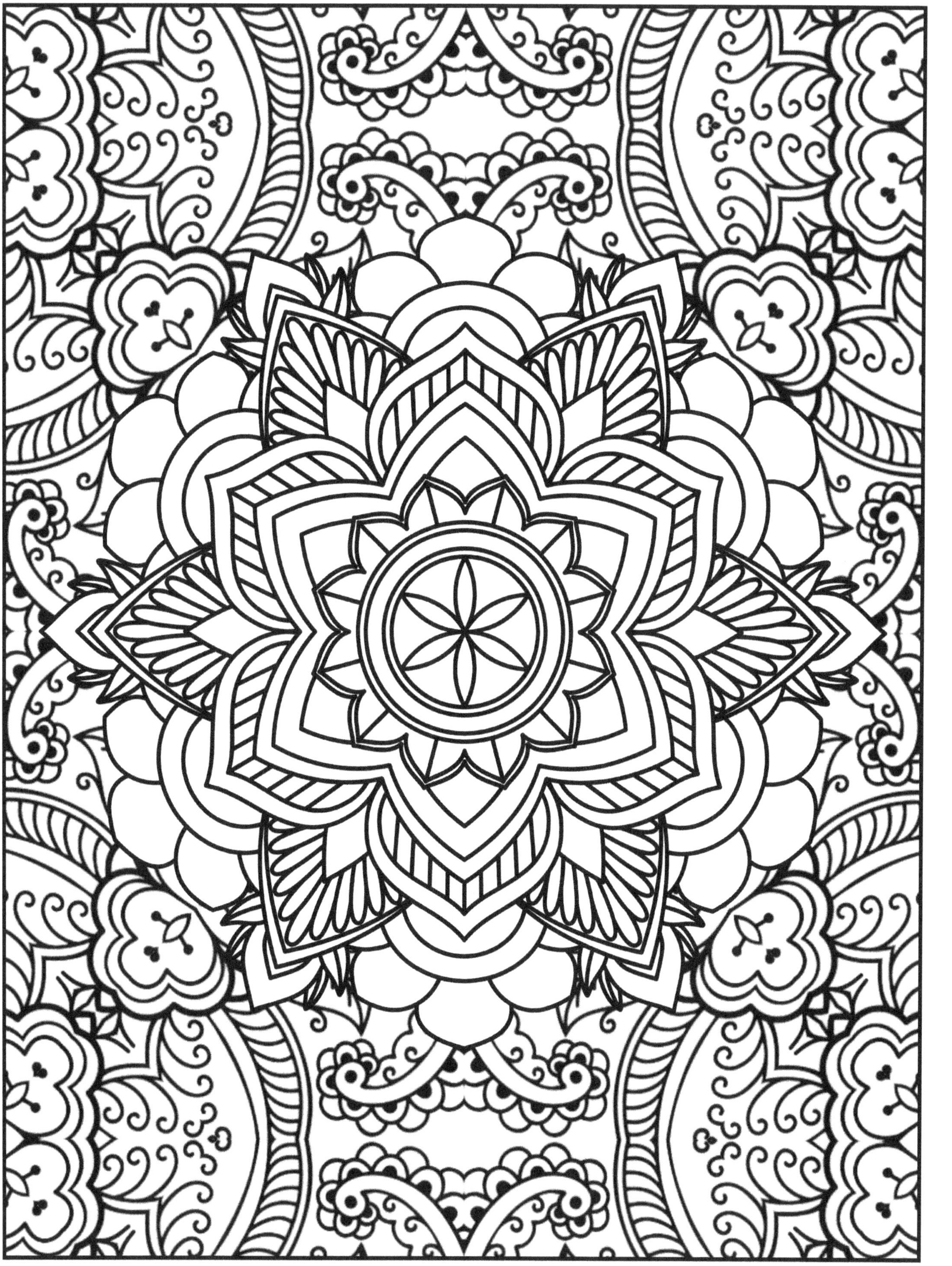

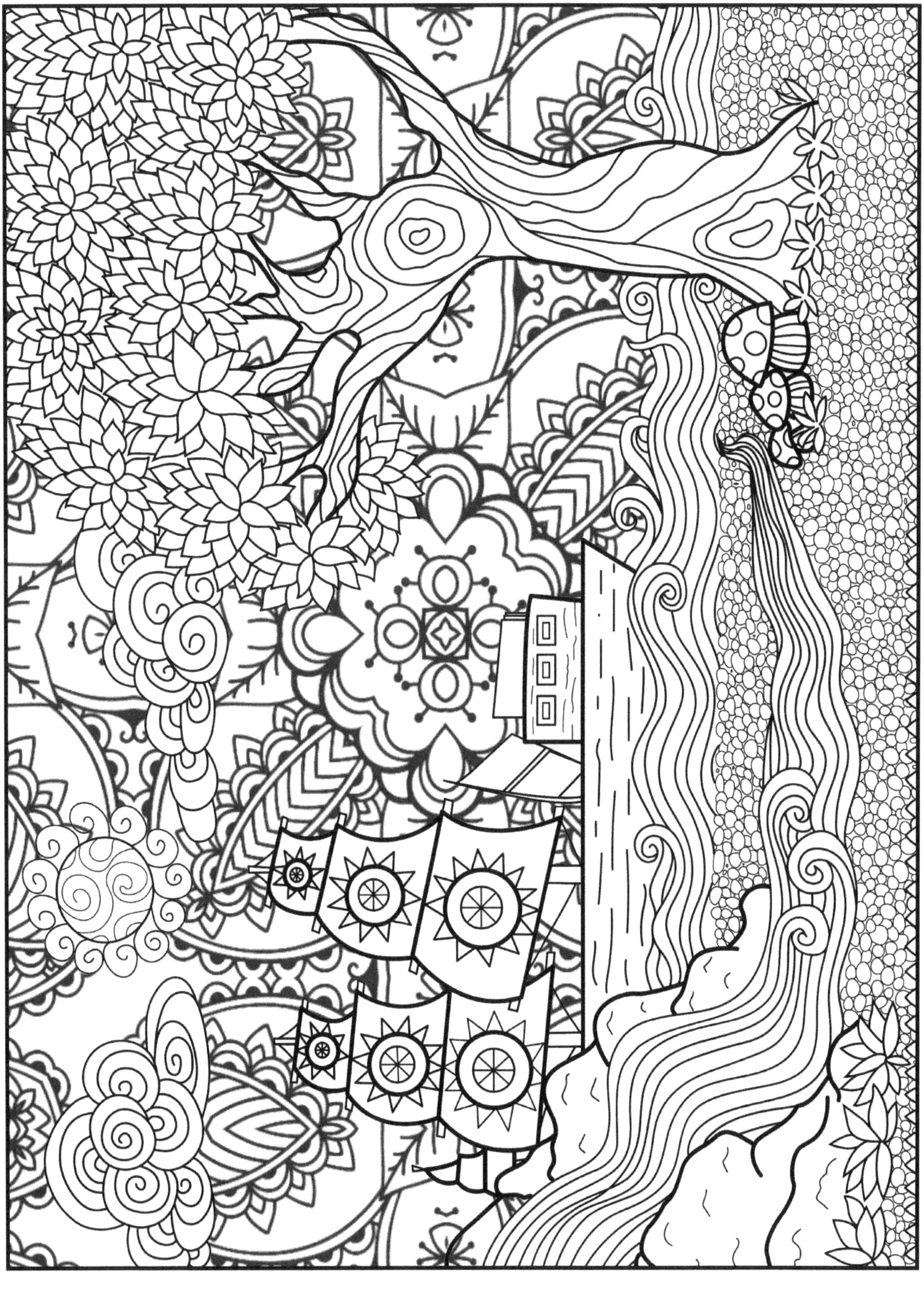

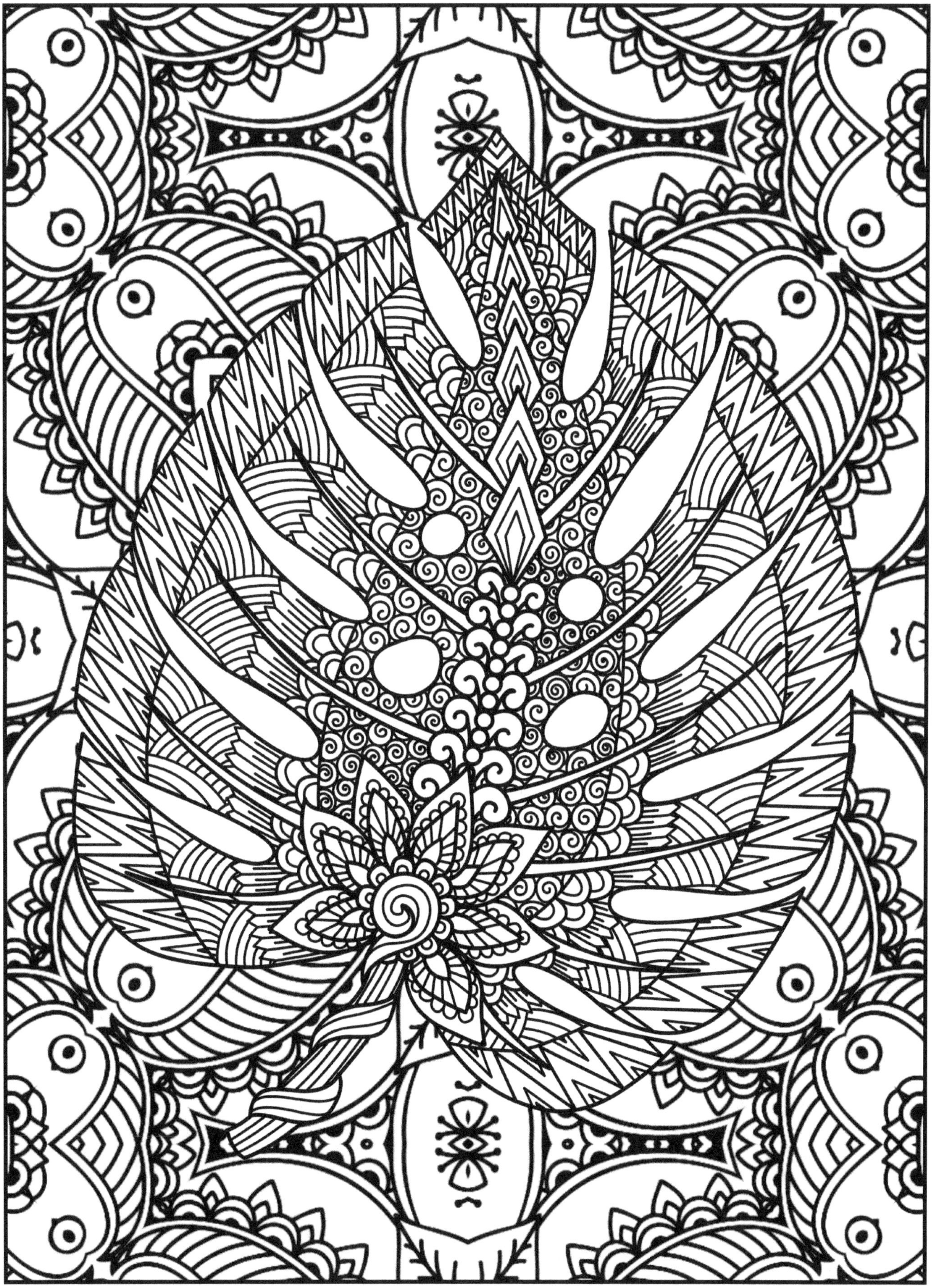

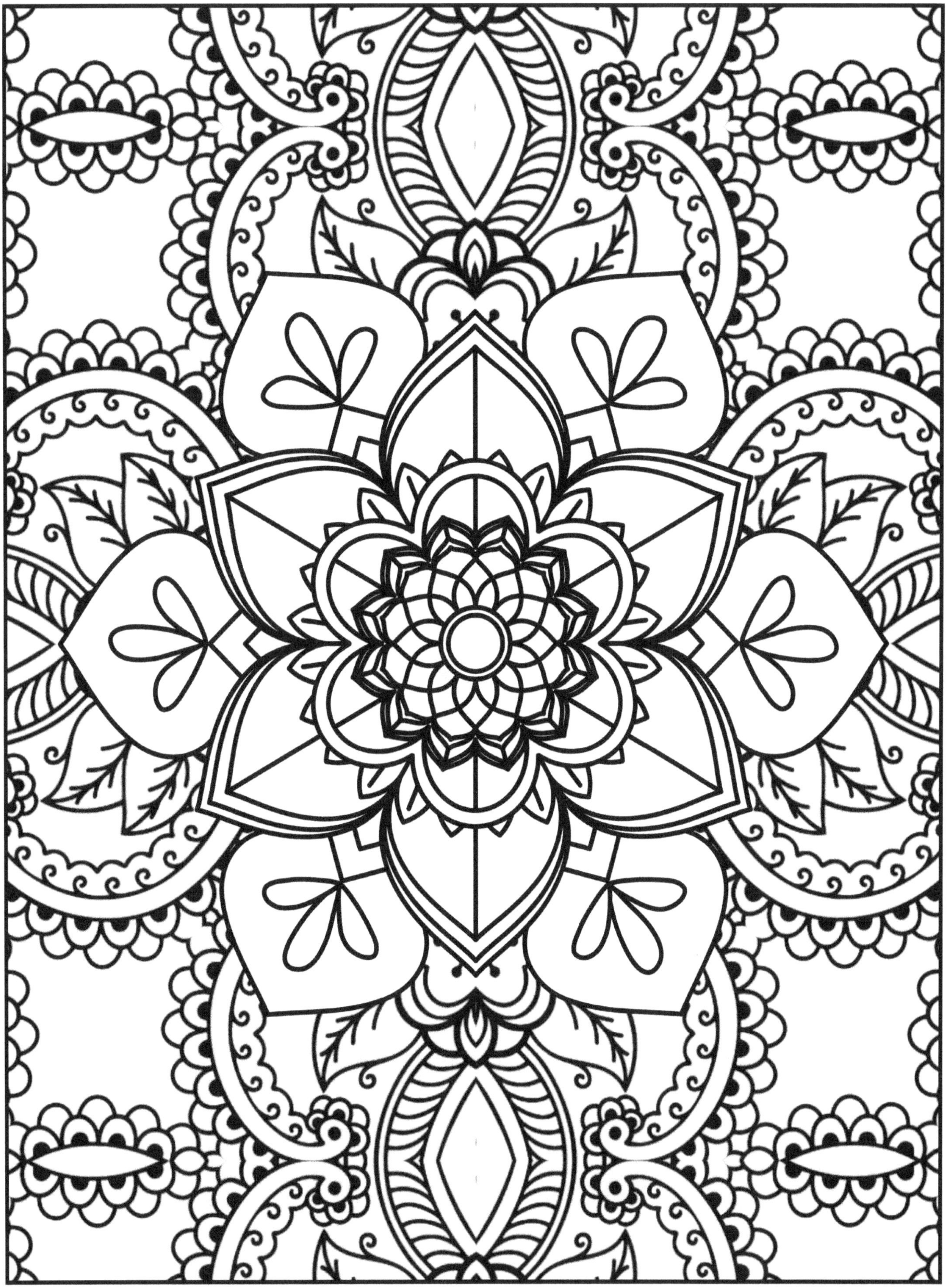

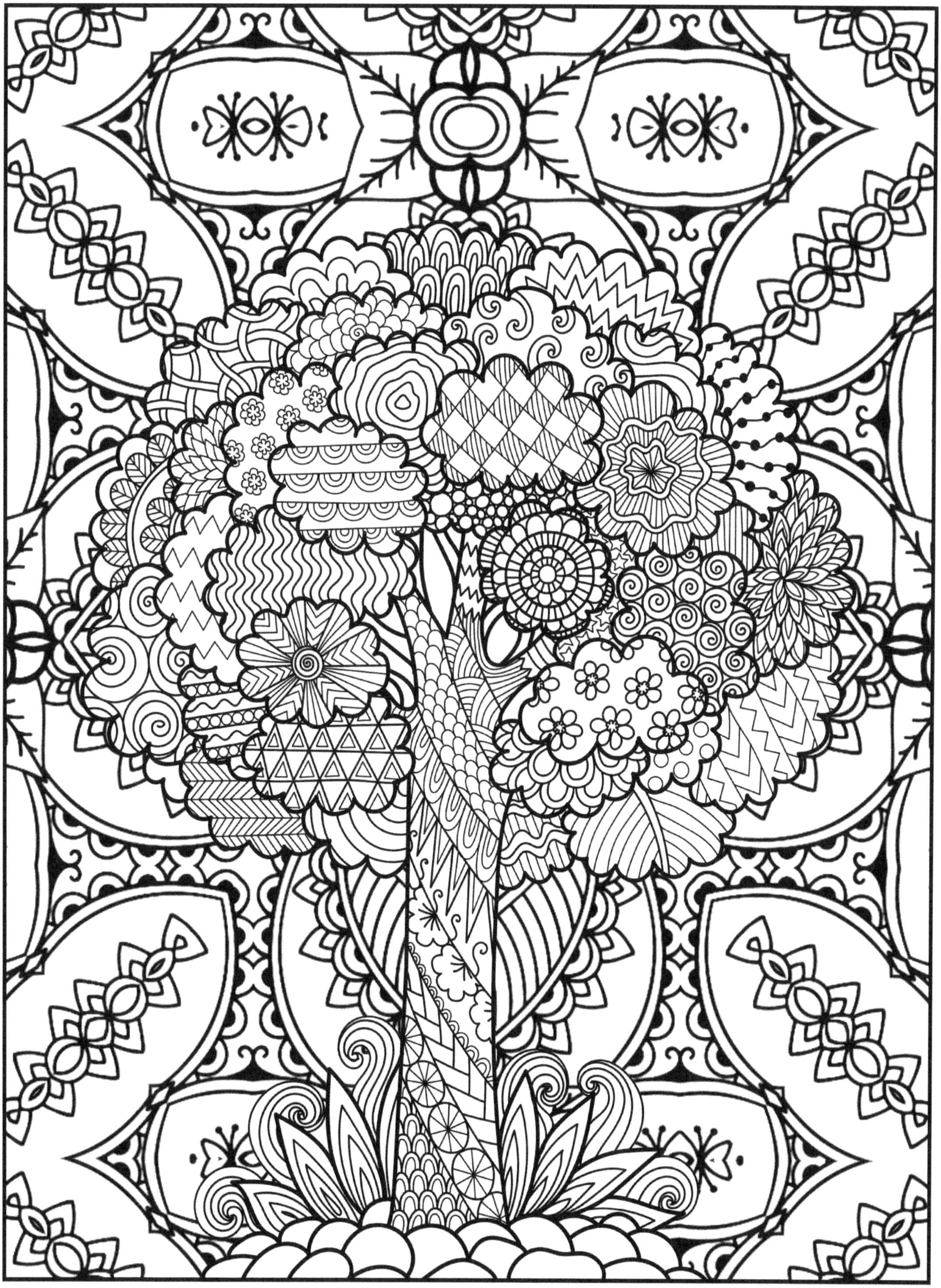

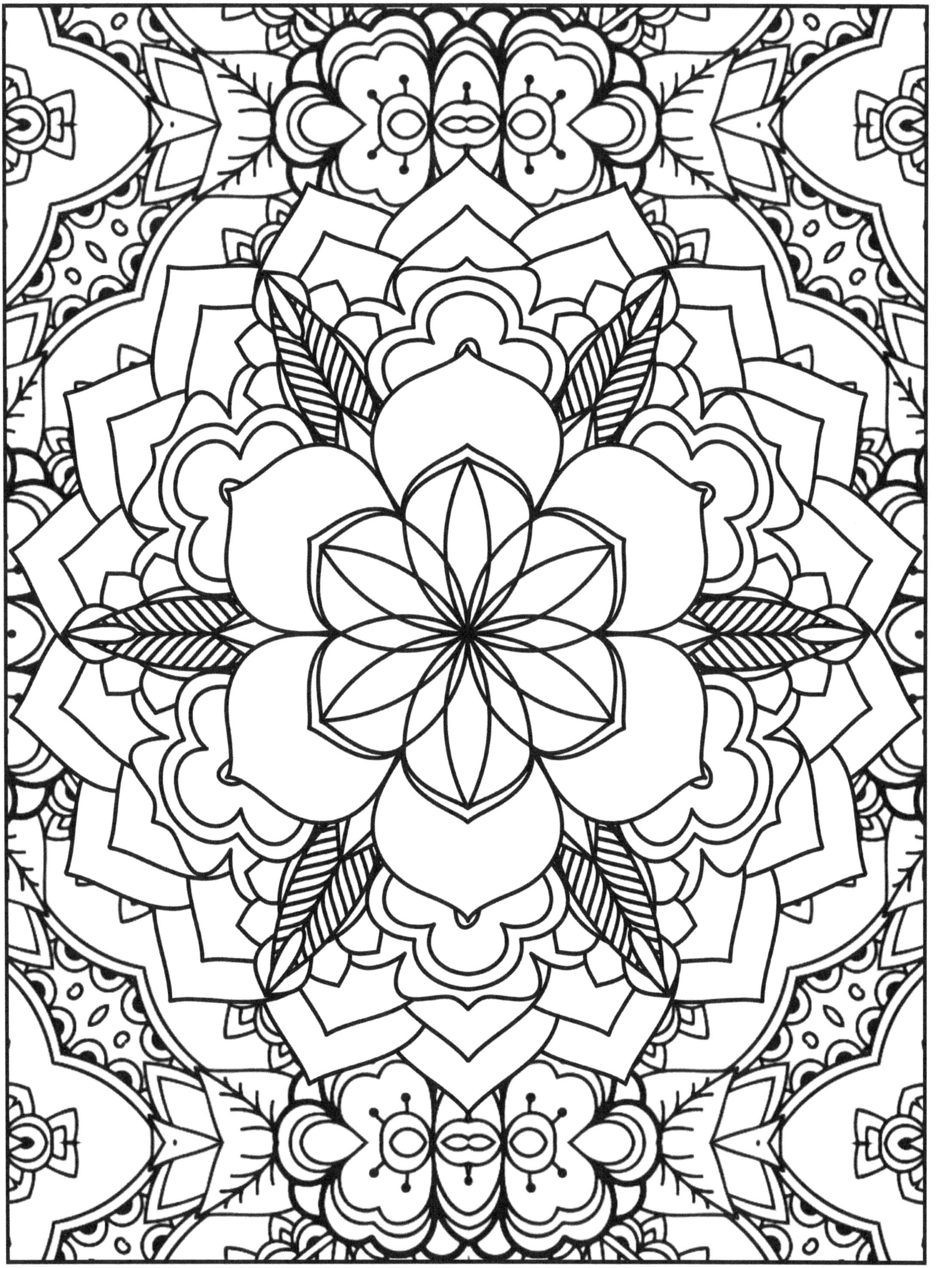

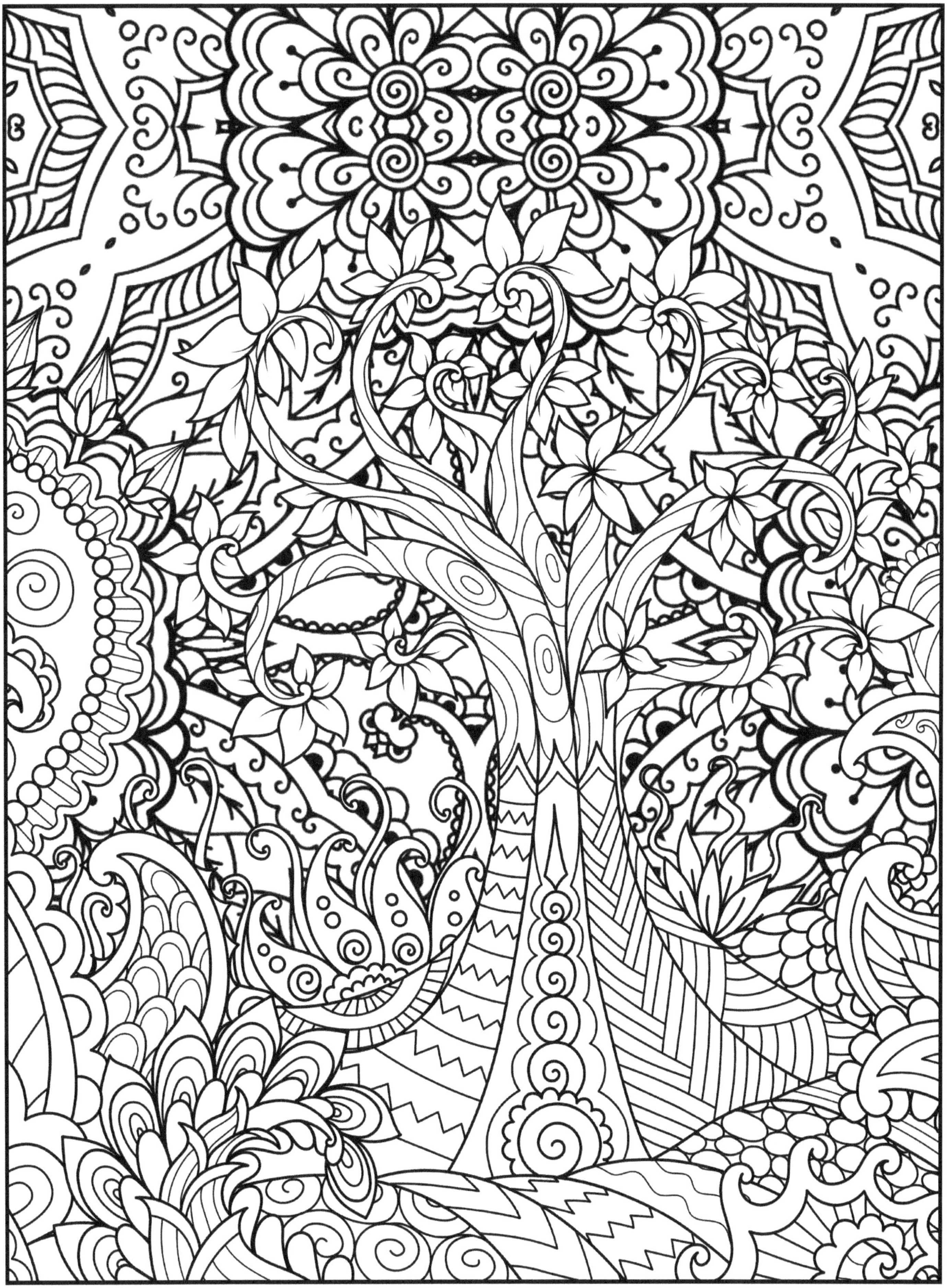

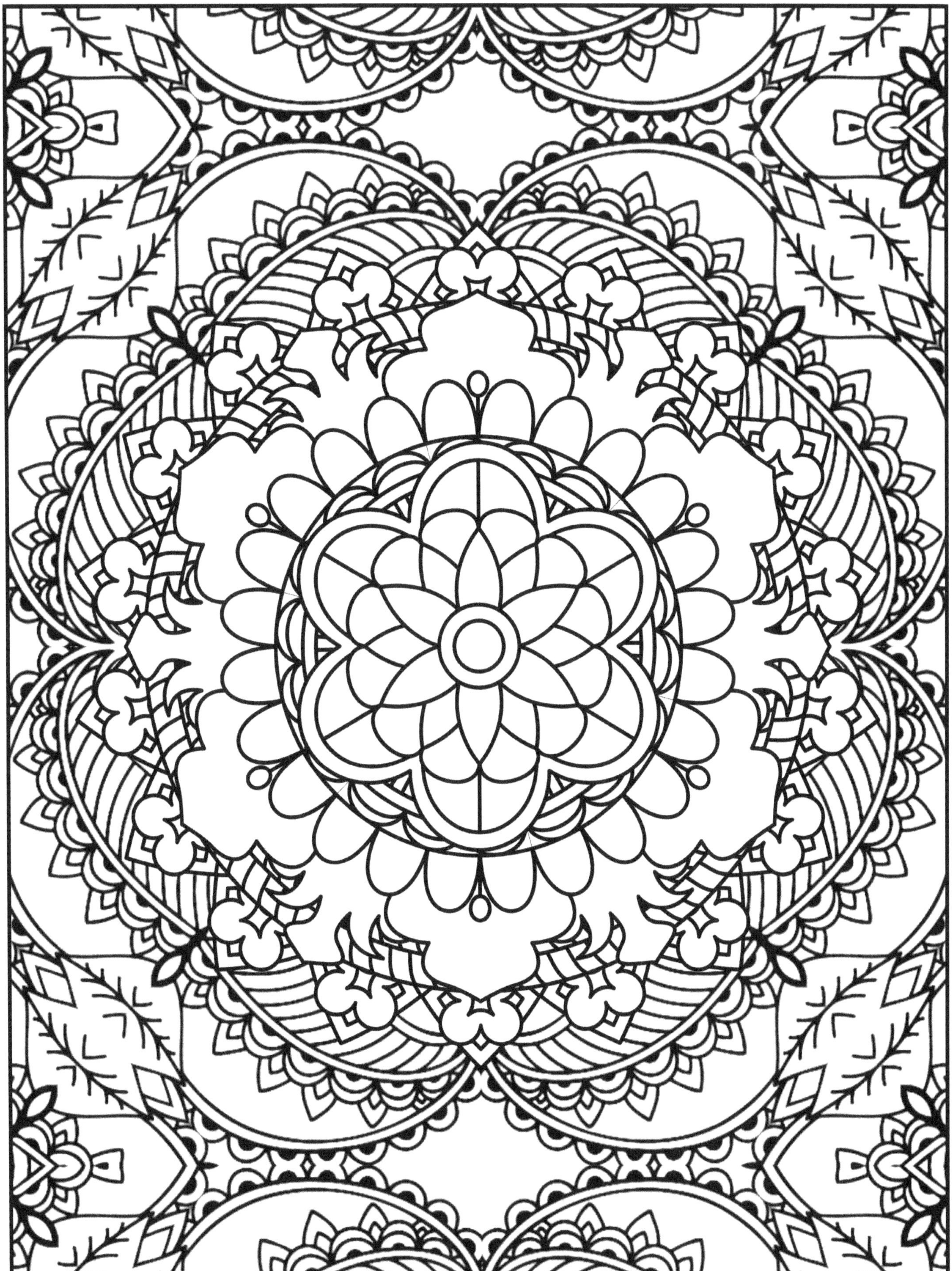

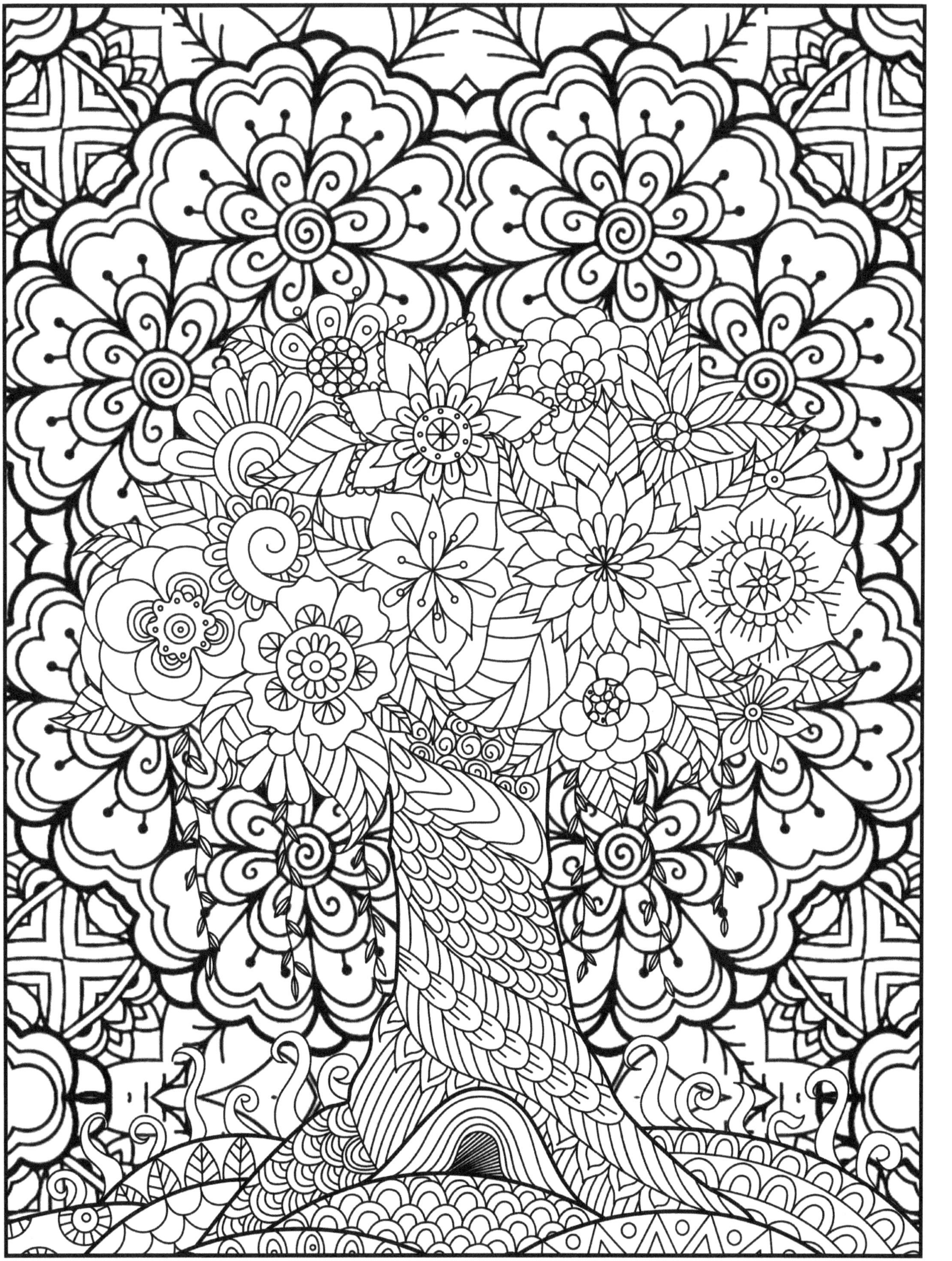

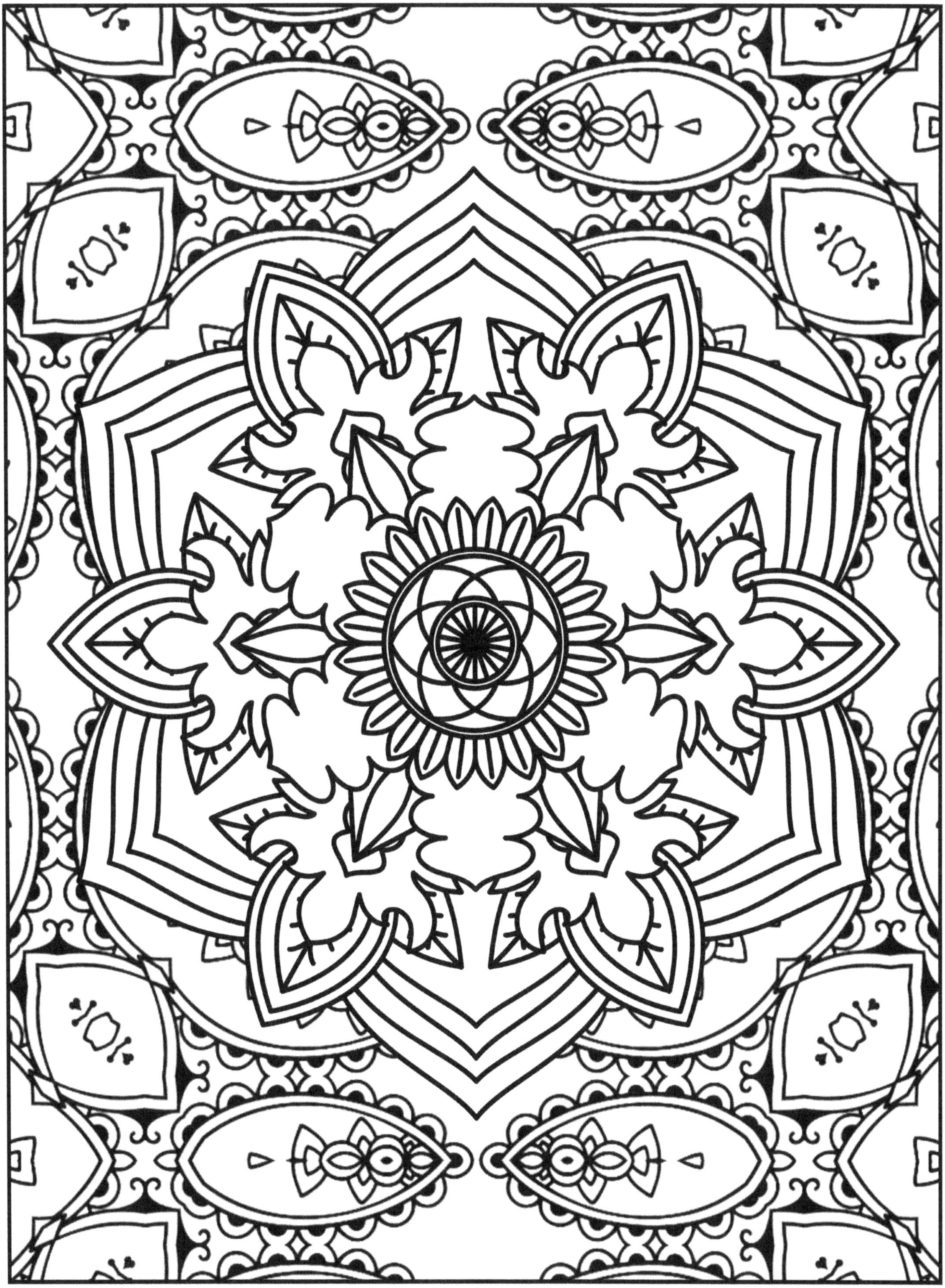

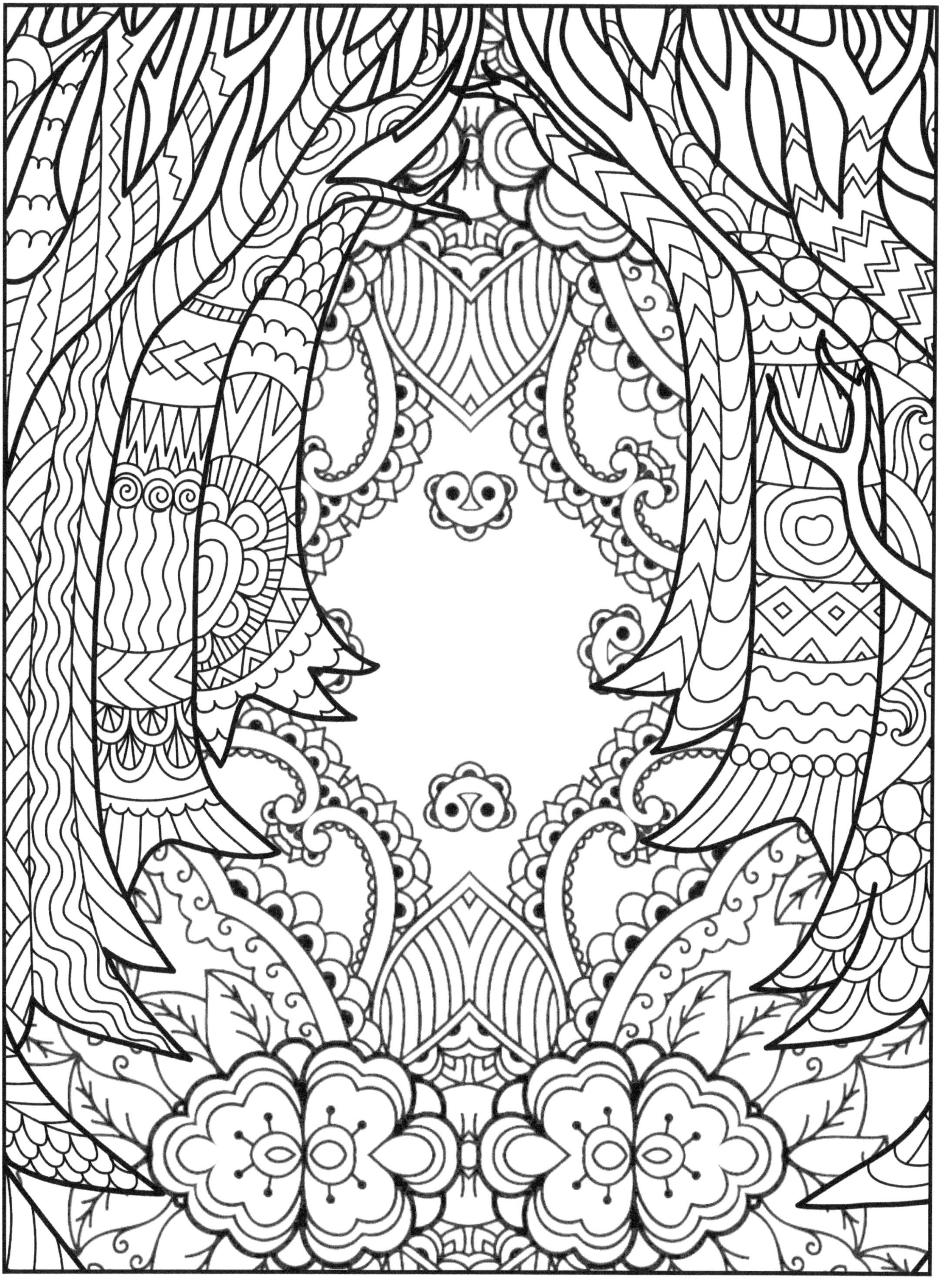

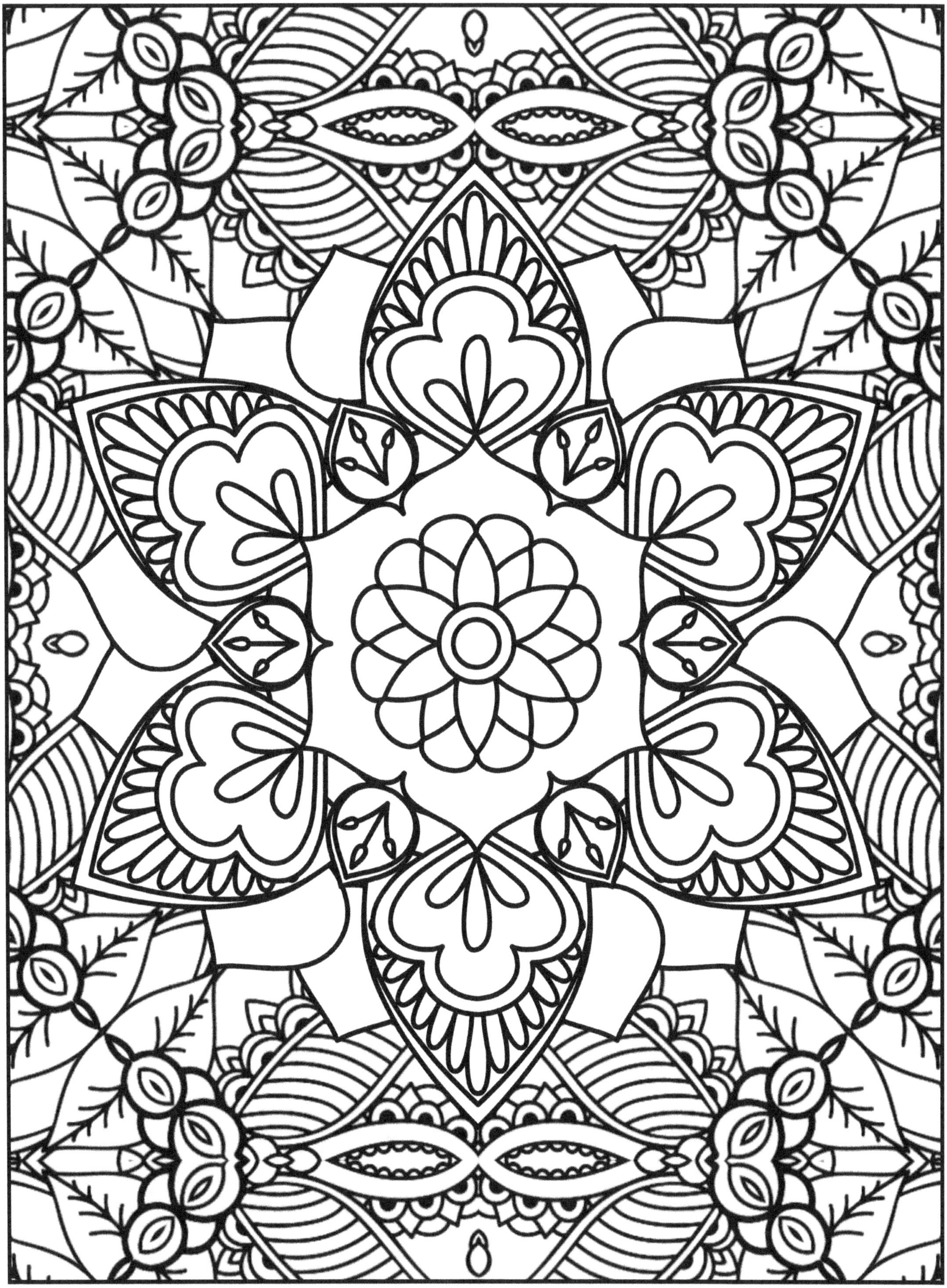

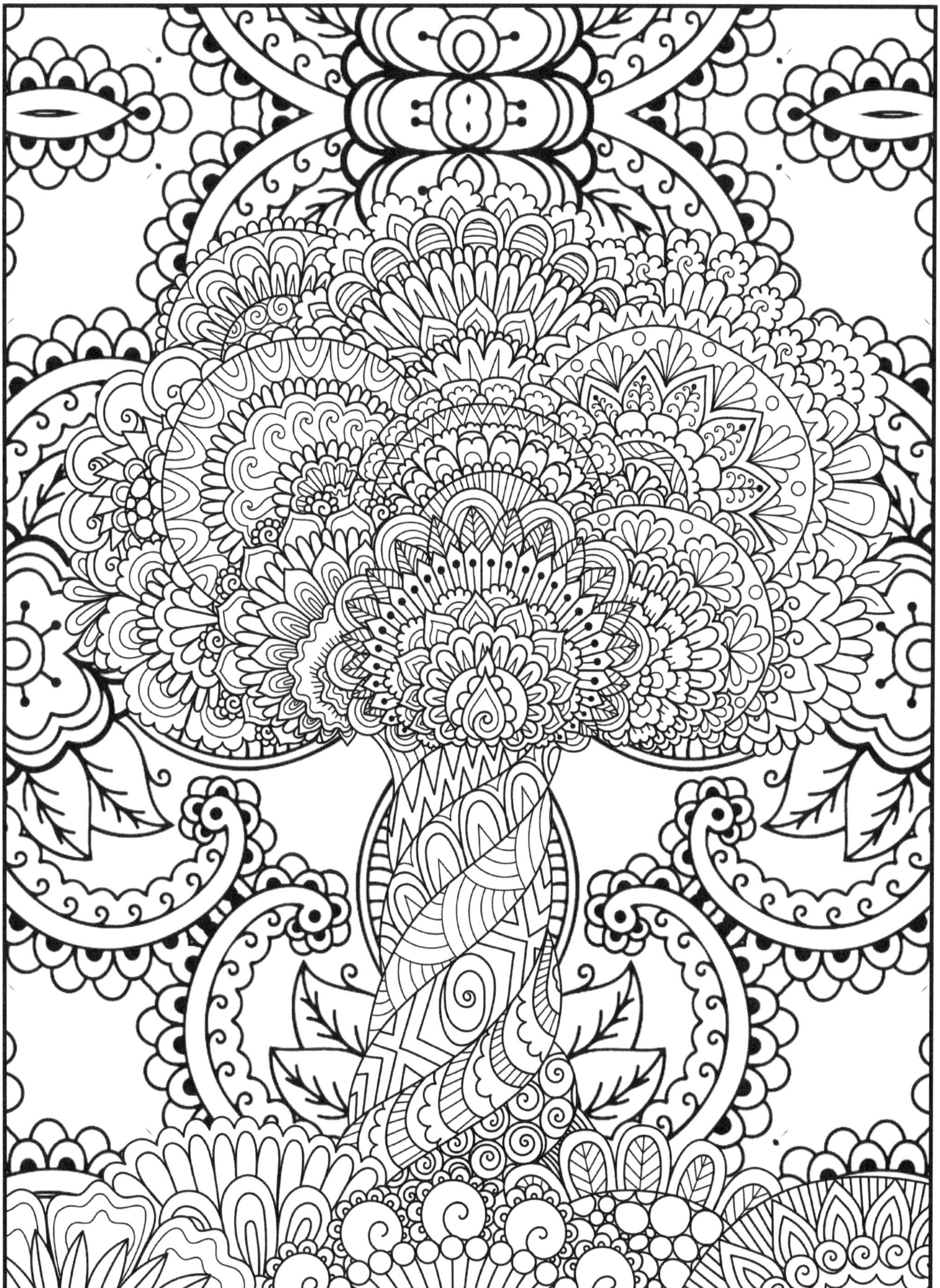

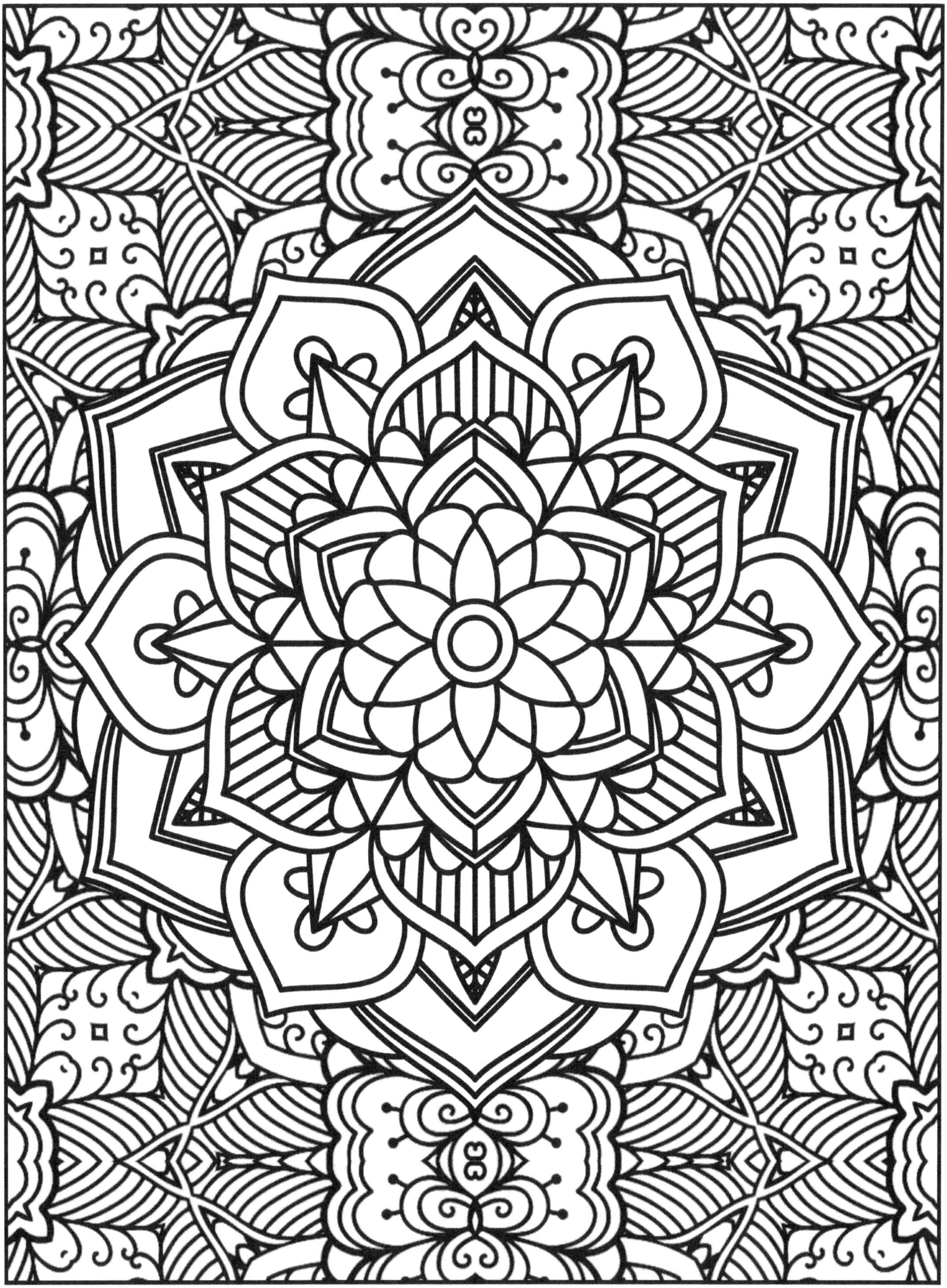

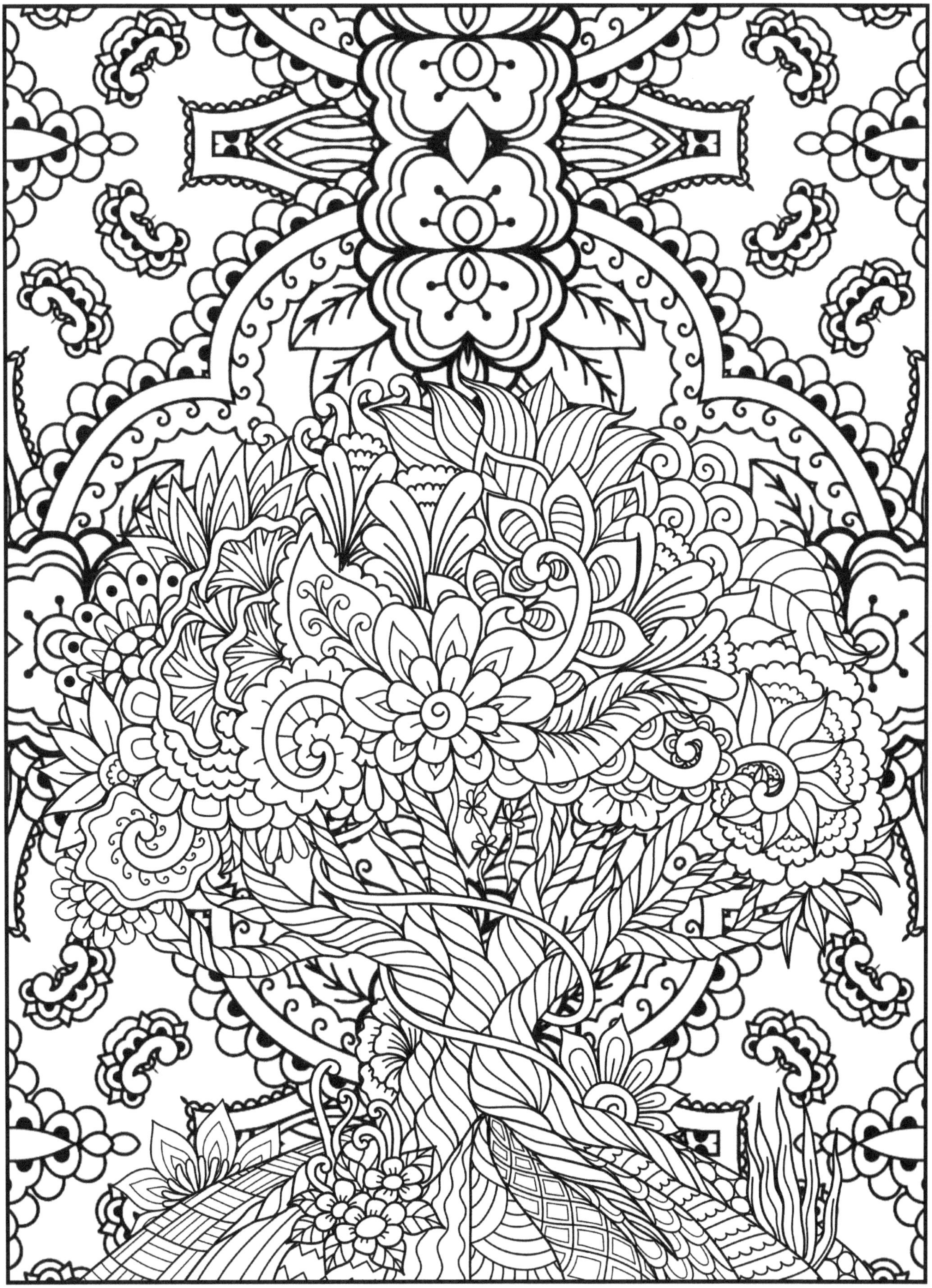

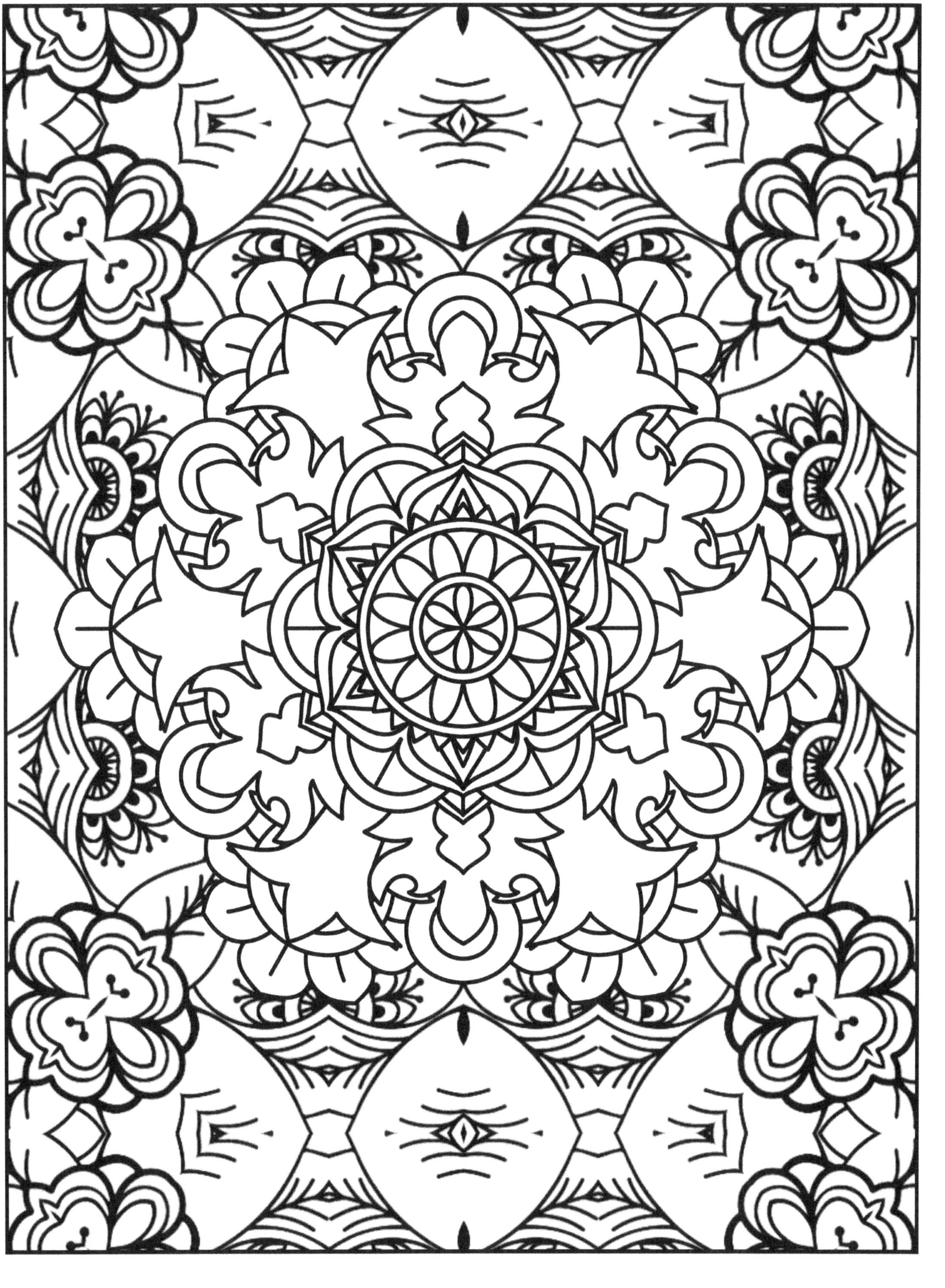

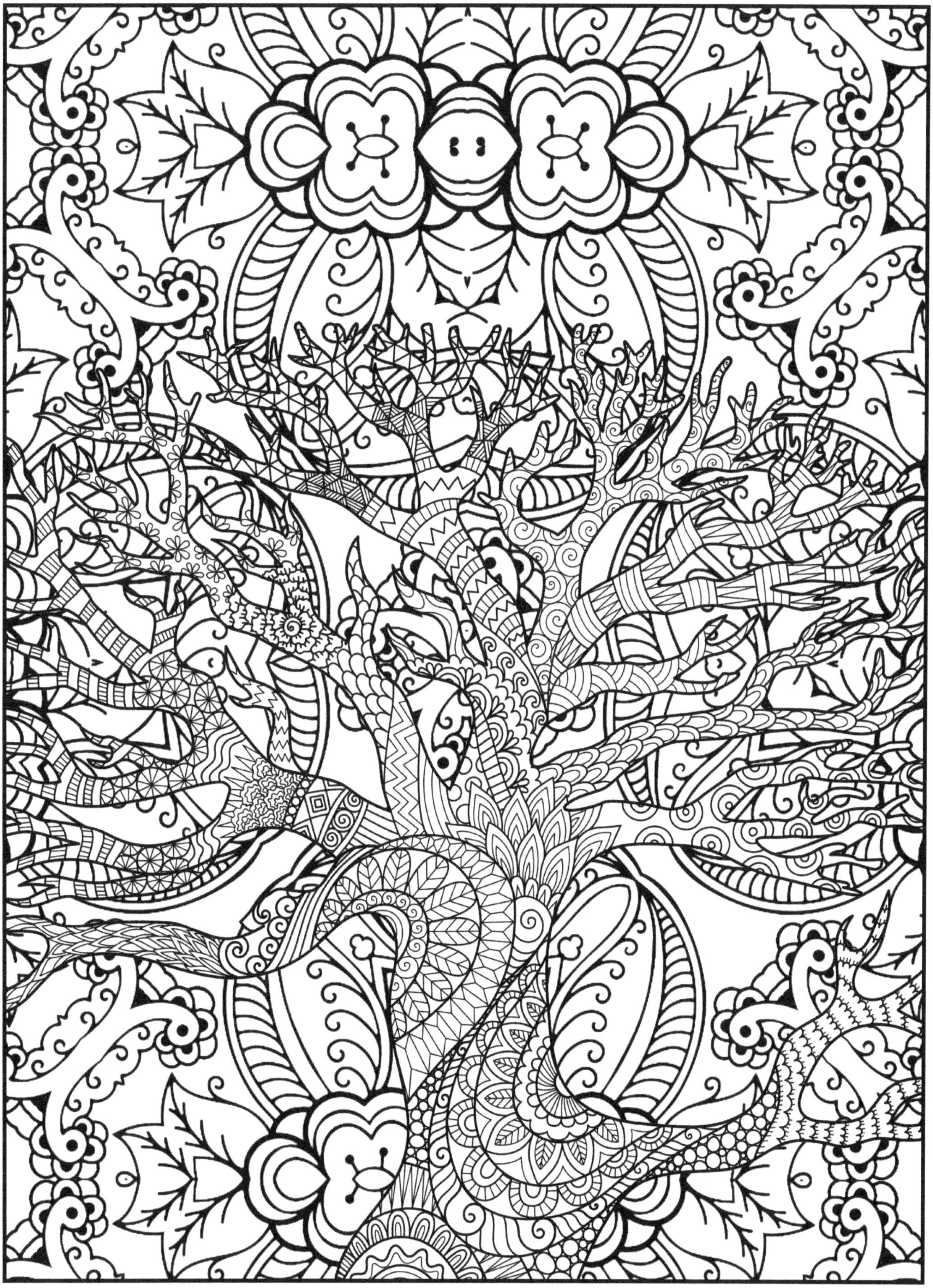

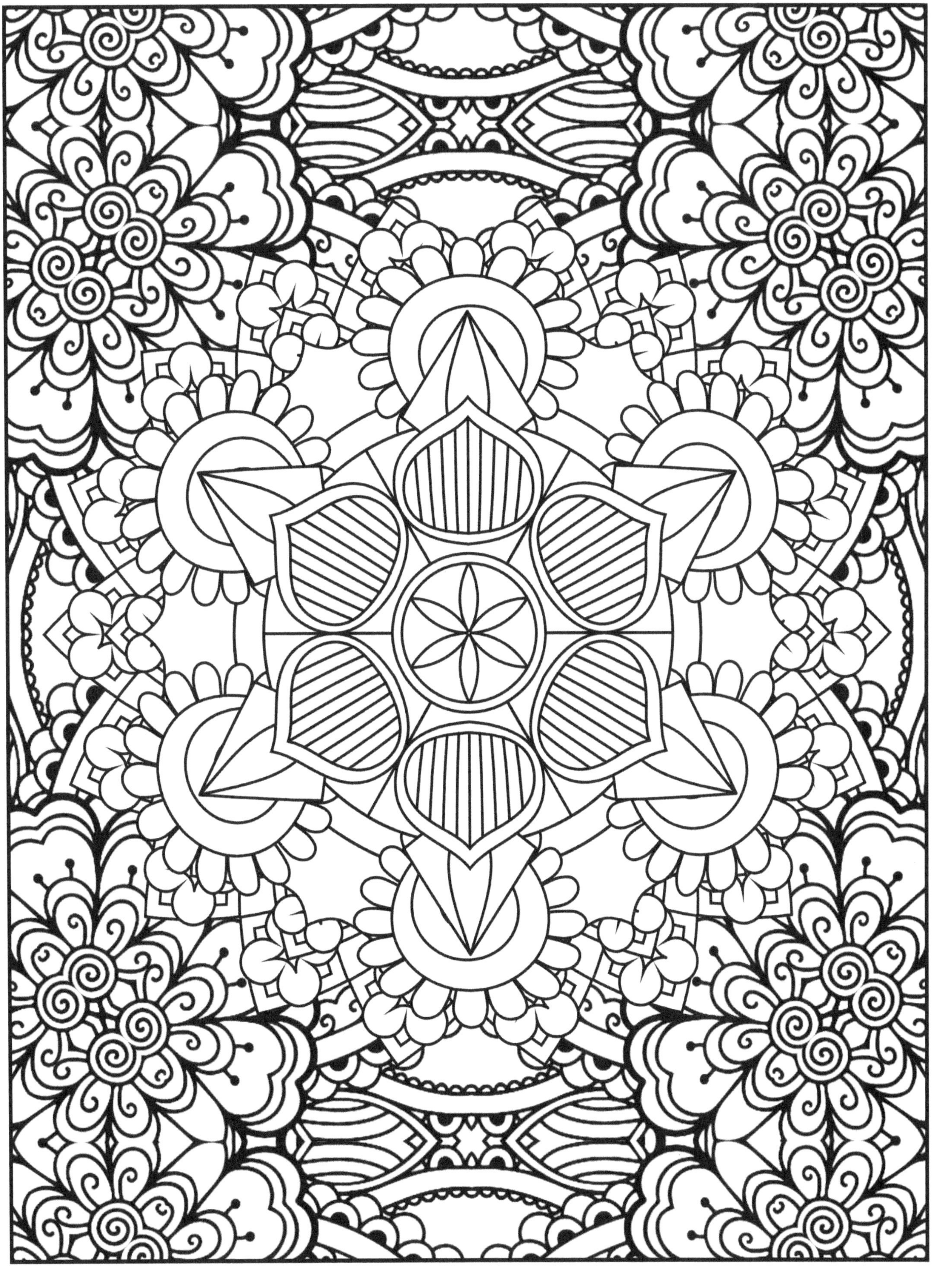

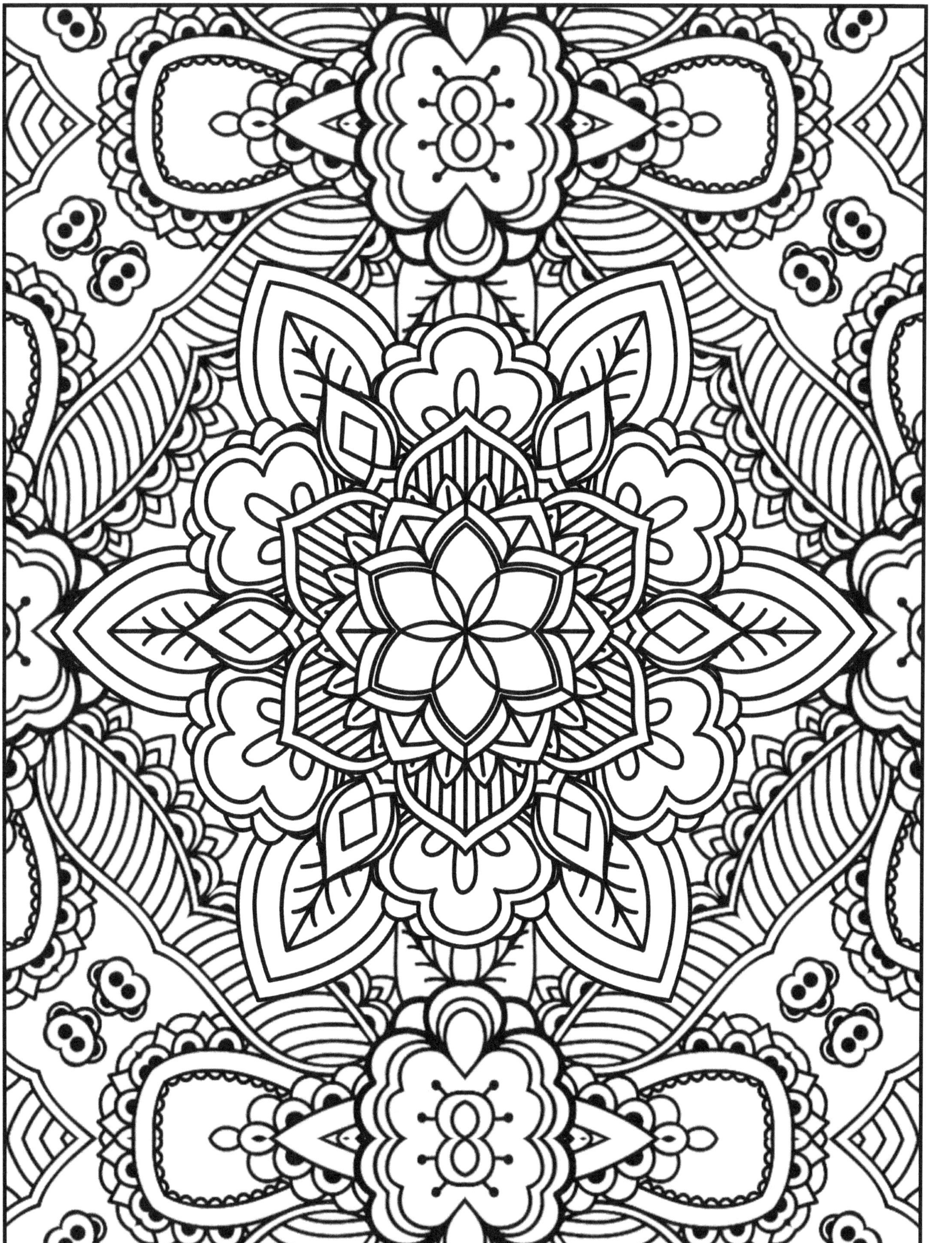

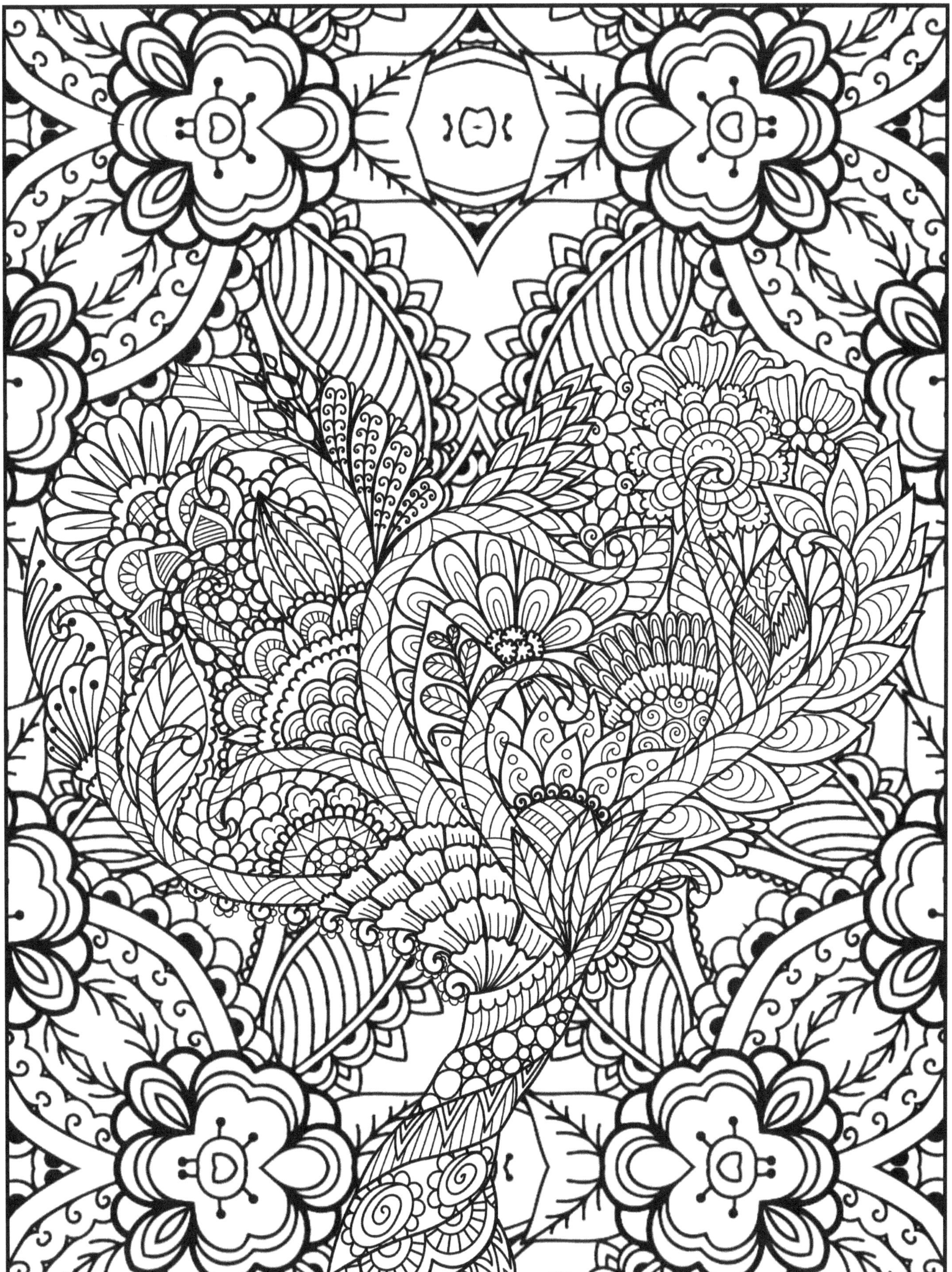

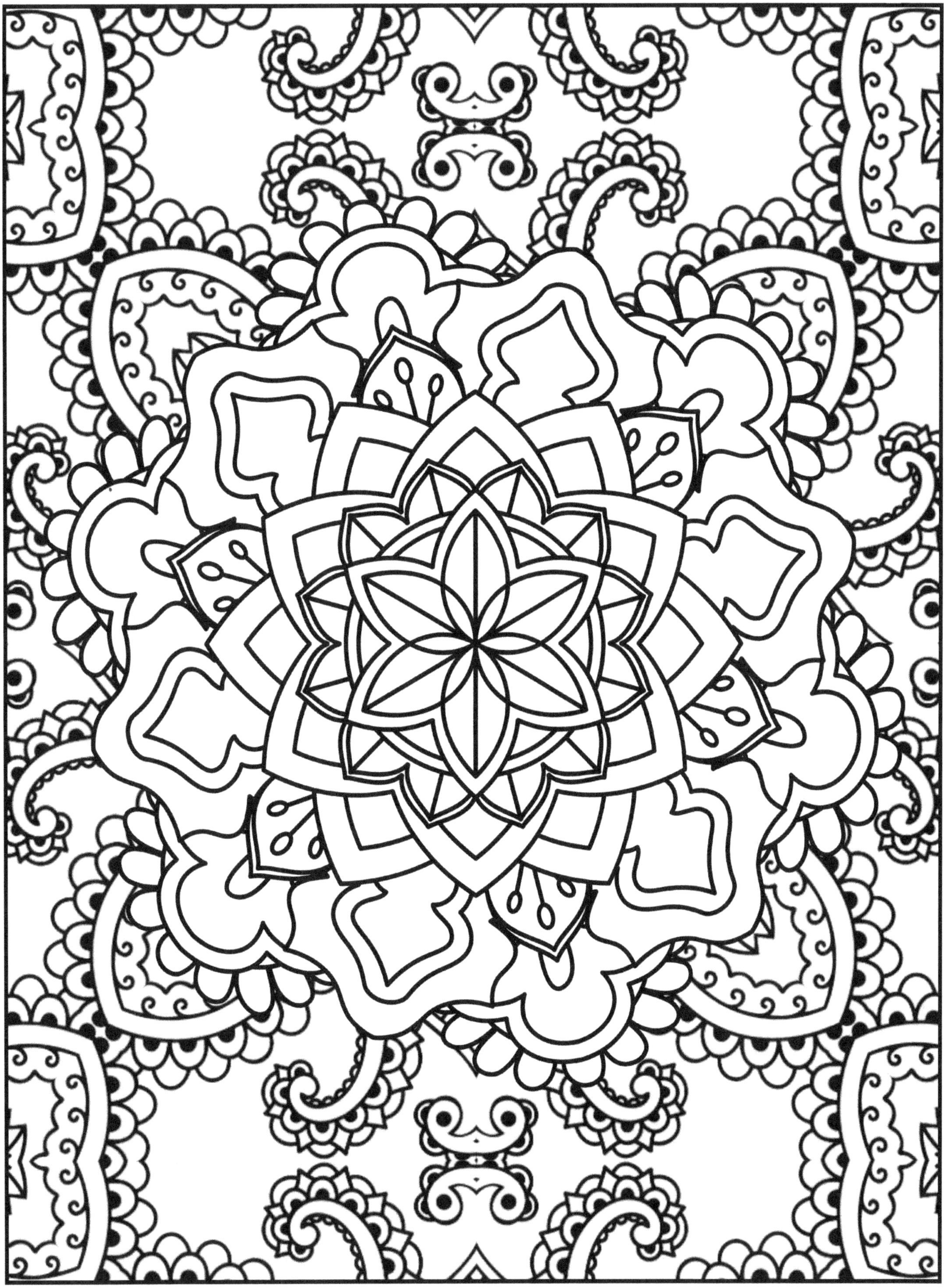